AF562152

LE CRI

DES

SOUS-LIEUTENANS.

DE L'IMPRIMERIE DE POULET,
QUAI DES AUGUSTINS, N°. 9.

LE CRI

DES

SOUS-LIEUTENANS,

OU

EXPOSÉ SINCÈRE

DES CHARGES ET OBLIGATIONS

D'UNE PARTIE DES OFFICIERS SUBALTERNES DE L'ARMÉE FRANÇAISE,

MISES EN RAPPORT AVEC LEURS MOYENS PÉCUNIAIRES.

Par VICTOR PESSON,

Sous-Lieutenant à la Légion d'Indre-et-Loire.

Petite et accipietis.

A PARIS,

CHEZ LES MARCHANDS DE NOUVEAUTÉS.

1819.

A SON EXCELLENCE

Le Ministre de la Guerre.

Monseigneur,

Dans toutes les circonstances de la vie, dans quelque position qu'ils se trouvent, des enfans ont recours à leur père. La nature commande ce sentiment aux uns, la reconnaissance le fait naître chez les autres; c'est elle qui l'imprime en nous, et qui le reporte tout entier vers Votre Excellence.

De nombreux actes de justice ont déjà signalé votre entrée au ministère et votre bienveillance envers l'armée qui s'honore de vous avoir pour chef. L'abolition des semestres forcés est un de ceux où l'on saura puiser les preuves irrécusables de l'attention particulière que vous prenez sans cesse d'améliorer le sort des fidèles serviteurs du Roi; c'est sur ces mêmes serviteurs que je supplie Votre Excellence de jeter un regard favorable; de voir, avec l'œil du maître, la situation pénible où les réduisent la faiblesse de leurs moyens pécuniaires et l'étendue de leurs obligations. Votre Excellence a déjà guidé nos premiers pas vers le bonheur; puisse-t-elle daigner finir un ouvrage si glorieusement commencé, et agréer la dédicace de cet opuscule! c'est la récompense la plus honorable que je puisse recevoir.

Je suis avec respect,

Monseigneur,

De Votre Excellence,

Le très-humble et très-obéissant serviteur,

VICTOR PESSON,

Sous-lieutenant à la légion d'Indre-et-Loire.

LE CRI

DES

SOUS-LIEUTENANS.

De nombreuses réclamations sont tous les jours portées au pied du trône; celles qui ont la vérité pour base, doivent être nécessairement accueillies par le Prince qui se fait une loi de rendre à ses sujets la justice qui leur est due. Aussi, fort de la bonté de ma demande, plein de confiance en ceux qui en seront les juges, j'ose élever la voix, non pour me plaindre, mais pour faire apporter, s'il est possible, quelqu'adoucissement au sort que je partage avec la plupart des officiers subalternes de l'armée.

Il est facile de demander. Pour obtenir, il faut prouver que ce qu'on réclame est juste.

Je chercherai donc à démontrer que la solde actuelle des lieutenans et sous-lieutenans d'infanterie et de cavalerie ne saurait suffire aux dépenses que nécessitent 1°. leur équipement; 2°. leur existence; 3°. le maintien du rang où le Roi les a placés.

Quelques réflexions sur le premier des trois points importans que je viens de citer me conduiront naturellement au développement des deux autres.

Un corps d'officiers se fait distinguer par deux choses principales, la tenue et l'union. D'après ce principe, je pose en fait que la tenue de tous les officiers subalternes doit être absolument la même, à l'exception des marques distinctives.

Une ordonnance ministérielle avait précédemment alloué à chaque grade des draps de diverses qualités. Qu'en est-il résulté? les sous-lieutenans se trouvèrent humiliés de ce qu'on leur affectât une tenue particulière et moins riche que celle des lieutenans; ceux-ci, par la même raison, furent offusqués de la différence qui existait, sous ce rapport, entr'eux et les capitaines. L'amour-propre est de tous les âges, de tous les états ; souvent on le confond avec l'honneur ; alors il est tout-puissant sur l'esprit du soldat. Les chefs de corps sentirent parfaitement tout ce que la situation des lieutenans et sous-lieutenans avait de pénible à cet égard. On dérogea d'abord à la loi, on la laissa ensuite tomber en désuétude ; et les régimens, loin de souffrir de ce changement, y gagnèrent beaucoup. En effet, je suppose que cette loi soit toujours restée en vigueur, je suppose même qu'elle y soit remise aujourd'hui, que verrait-on ?... des officiers faits pour vivre ensemble, réunis par le service, liés par les mêmes intérêts, seraient tout-à-coup divisés par un sentiment de jalousie, sentiment inné chez l'homme, et qui existe dans l'état militaire peut-être plus que partout ailleurs, parce que l'amour-propre y règne despotiquement. Un mal-entendu jette souvent du froid parmi les hommes ; à plus forte raison une chose trop réelle, trop visible pour qu'on puisse en douter, devrait irriter la susceptibilité de ceux qui, à chaque instant, auraient devant les yeux la cause de leurs plaintes. Or dira peut-être que d'une petite cause je fais naître de grands résultats. Voilà cependant ce qui serait arrivé, ce qui arriverait infailliblement, si les mêmes raisons se reproduisaient.

Le ministère lui-même reconnut bientôt les inconvéniens provenant d'une pareille distinction. Les divers échantillons de draps qu'il envoie actuellement aux corps sont les mêmes pour tous les officiers. Les draps que le conseil d'administration de chaque légion tire des fabriques, habillent le colonel comme le sous-lieutenant; car enfin, un officier subalterne n'a pas, je le sais, et ne doit pas avoir la représentation d'un officier supérieur; mais encore doit-il être vêtu d'une manière décente et convenable au rang qu'il occupe. Il n'est de société, de réunion choisie où un officier n'ait le droit de se présenter et l'espoir d'être bien reçu; sa tenue alors, quoique simple, ne doit le céder en rien à celle des personnes qu'il fréquente.

Or donc, après avoir prouvé la nécessité absolue d'une même tenue pour tous les officiers subalternes, sans laquelle il n'y a point de véritable union dans quelque corps que ce soit, je demande comment il peut se faire que les appointemens d'un sous-lieutenant, qui se montent à 1000 francs par an, entrent en concurrence, pour une même dépense, avec ceux des capitaines, qui s'élèvent depuis 1,800 francs jusqu'à 2,400. Les convenances exigent que le drap que porte un officier soit au moins de deuxième qualité; les capitaines, alors, l'obtiendront donc au même tarif que les lieutenans et sous-lieutenans, et cependant ils ont double paie. Je vais plus loin : si les draps destinés aux capitaines, lieutenans et sous-lieutenans sont de deuxième qualité, ceux dont les officiers supérieurs feront usage devront être tout naturellement de la première; mais la différence qui existe entre les draps de deuxième et de première qualité, n'est rien, ou plutôt est très-peu de chose à côté de celle qui se fait remarquer entre les émolumens d'un lieutenant et ceux d'un chef de bataillon, d'un lieutenant-colonel et d'un colonel, qui ont annuellement l'un 3,600 francs, les autres 4,300 et 5,000 francs. En jetant un coup-d'œil rapide sur les autres parties de l'équipement, je vois que, relativement à chaque grade, tous les effets concernant la chaussure, la coiffure, l'armement et les épaulettes, ou sont de même valeur, ou ne diffèrent entr'eux que par de légères minuties considérées, toutefois, sous le rapport de l'achat; tels que le schakos, dont le galon, plus ou moins large, désigne un grade plus ou moins élevé; et les épaulettes, dont le prix, d'après le nouveau tarif, est de 33 francs pour les sous-lieutenans, 38 pour les lieutenans, et de 45 à 50 pour les capitaines.

Je suis loin, sans doute, de vouloir décrier la distance qu'il doit y avoir des appointemens d'un grade à ceux d'un autre; mais je dis que s'il est démontré que les lieutenans et sous-lieutenans sont, avec leurs appointemens actuels, dans l'impossibilité physique d'exister et de subvenir aux dépenses que l'Etat exige d'eux, et cela sans dévier du chemin de l'honneur qu'un officier doit toujours suivre, je dis que l'Etat est tenu de faire cesser un tel abus, en venant au secours de ceux qui le défendent.

Plusieurs objections doivent naturellement s'élever contre ce que j'avance, et chacun me fera d'abord observer qu'avant la révolution la solde des officiers était moindre, et que depuis vingt-cinq ans cette prétendue insuffisance pécuniaire n'a nullement terni l'éclat de nos armes, ni retardé nos conquêtes. Je répondrai : Pour juger sainement deux choses, il faut les comparer ; or, l'état de comparaison établi entre les officiers de l'ancien régime et ceux du nouveau, qu'en résulte-t-il ? que les premiers jouissant de tous les avantages de la naissance et de la fortune, embrassaient l'état militaire par inclination ou par caprice, et le plus souvent pour mieux y dépenser leurs revenus ; tandis que les seconds, appelés de bonne heure à défendre leur pays, n'ont apporté au service d'autres recommandations que leur courage, n'ont retiré des fatigues sans nombre qu'ils ont essuyées, d'autres titres que ceux qui distinguent le véritable honneur, et d'autres richesses que leurs blessures. Les uns auraient pu sans peine renoncer aux émolumens qu'on leur accordait, tandis que les autres, malgré une conduite sage et réglée, sont réduits, plus d'une fois, à gémir sur la triste modicité des leurs.

A la révolution, quand les officiers cessèrent d'être pris dans une caste particulière, et que la distinction fut accordée au mérite, on sentit bien que le changement d'individus provoquait nécessairement un changement de solde. Il eut lieu en effet; seulement il ne fut pas assez sensible. Cette différence cependant, ajoutera-t-on, n'a-t-elle pas suffi pour faire exister des milliers d'officiers qui n'en marchaient pas moins à la victoire?... Sans doute; mais jetez un instant les yeux sur ce qui s'est passé, et prononcez.

La révolution éclate, et presqu'en même temps la guerre avec elle. Un vertige national s'empare des Français; l'Etat manquait de tout, le patriotisme y supplée, et l'Etat semble ne manquer de rien. Cet élan eut, avec la force de la foudre, la rapidité de l'éclair. Les guerres successives que nous essuyâmes demandaient des troupes, un matériel organisé, enfin une administration régulière. Le traitement des officiers fut fixé; et quand l'illusion de la gloire, le désir de l'avancement et la plus belle perspective fascinaient les yeux de nos guerriers ; quand la possession du pays étranger leur procurait souvent, jusqu'à satiété, toutes les choses nécessaires à la vie, pouvaient-ils se plaindre de l'exiguité d'une paye qu'ils connaissaient à peine ? car combien d'officiers recevant à la fois six mois et plus de solde arriérée, dépensaient cet argent donné en masse, sans en calculer les revenus mensuels, et, bientôt après, se trouvaient entraînés dans une nouvelle guerre ? C'est ainsi qu'ils arrivèrent de périls en plaisirs jusqu'à l'époque qui devait les laisser reposer de tant de fatigues.

Nous venons de considérer ces officiers dans l'état de guerre ; suivons-les maintenant livrés à eux-mêmes, abandonnés à leurs propres ressources, en un mot, vivant à leur corps. Comme je ne dois négliger aucune occasion de faire ressortir la vérité dans tout son jour, je ne dois, par la même raison, jamais oublier de répondre à toutes les observations qui pourraient altérer cette même vérité.

Quelqu'un me dira qu'avant la révolution on vit nombre d'officiers sortir du rang, et qu'on désignait alors sous le nom d'officiers de fortune. Comment, ajoutera-t-on, faisaient-ils pour exister avec les médiocres appointemens que le gouverment leur allouait? Il me serait facile de répondre simplement, que la gêne où ces officiers auraient pu se trouver alors ne saurait autoriser celle où les lieutenans et sous-lieutenans se trouvent aujourd'hui. Un mal n'en excuse pas un autre. Mais, pour combattre franchement l'objection qui m'est faite, qu'il me soit permis de comparer encore les deux époques auxquelles se rattache l'existence de ces officiers.

Nous ne sommes que trop convaincus de l'énorme cherté des vivres. Le riche particulier le sait, ne s'en ressent pas, mais ne s'en plaint pas moins. Les gens aisés ont besoin de modération et même de calcul pour se tirer d'embarras; que l'on juge donc la position de ceux qui, comme nous, ont des ressources insuffisantes; autrefois, tout était à meilleur compte; on n'avait pas pris, comme aujourd'hui, la détestable manie de prélever, sur chaque objet à vendre, la moitié de profit ; et si des circonstances trop impérieuses faisaient hausser le prix des choses, elles reprenaient leur cours naturel quand les circonstances s'amélioraient. Maintenant, telle marchandise, vu la dureté des temps, renchérit d'un quart ; les temps seraient-ils dix fois meilleurs, le prix est fait, le marchand y trouve son avantage, et le prix reste le même.

Sous l'ancien régime, les officiers subalternes trouvaient aisément des pensions à 30 francs par mois ; aujourd'hui, les moins chères se montent à 50, et dans certaines provinces ; car dans d'autres, la vie est d'un prix exorbitant. Je pourrais citer des garnisons en Touraine, dans le Maine, où l'abondance devrait régner plus que partout ailleurs, des garnisons, dis-je, où les lieutenans et sous-lieutenans d'infanterie et de cavalerie se sont vus obligés de vivre au quartier, y cachant, pour ainsi dire, la triste nourriture à laquelle ils étaient réduits, pour dérober à l'insatiable avidité d'un traiteur le reste des faibles appointemens qu'ils recevaient.

Eh! cependant, s'écriera-t-on, comment font donc à l'armée ces mêmes officiers qui souvent manquent du strict nécessaire ? Comment ils font, répondrai-je ? ils souffrent sans se plaindre, parce qu'ils souffrent pour leur pays. C'est alors un honneur, tandis que, dans le monde, la simple apparence de pauvreté entraîne le mépris. D'ailleurs, une pareille réflexion ne saurait être faite que par ceux qui s'imaginent qu'un soldat est payé uniquement pour souffrir, et qui rougiraient de contribuer pour quelque chose à l'adoucissement de ses peines ; aussi, peu doit nous importer leur opinion ! C'est la justice des Chambres, l'attention bienveillante du Ministre, que nous invoquons aujourd'hui ; celle des généraux qui, après avoir passé par tous les grades militaires, sont à même de juger le mal et d'y porter remède.

J'ai passé en revue les principales dépenses des lieutenans et sous-lieutenans. Les autres, quoique moins onéreuses, leur sont cependant de toute nécessité. L'entretien du linge, l'éclairage, le chauffage, le salaire alloué au domestique, sont autant de charges indépendantes de celles dont nous avons parlé précédemment. Je le demande encore une fois, comment pourvoir à tant de besoins avec si peu de ressources ? Quelle position de corps et d'esprit pour un officier qui a de la délicatesse, de l'amour-propre, de se voir dans une incertitude continuelle, d'être réduit à lésiner sur les plus petits objets, et de ne pouvoir compter sur des appointemens qui souvent sont dépensés avant d'être reçus ? A quels moyens avoir recours pour subvenir aux frais qu'exigent les changemens opérés dans l'uniforme ? Ces changemens ont eu lieu avec raison, je le sais ; mais cependant le gouvernement n'accorde pas de gratifications à cet effet ; il faudra donc s'acheter une seconde garde-robe, quand souvent la première n'est pas payée ?

Il existe encore des besoins forcés que l'Etat ne prévoit pas : les mutations particulières, les déplacemens d'une ville à une autre, comme ceux qu'a éprouvés, par exemple, telle légion que je pourrais nommer, qui, depuis trois ans qu'elle est organisée, a couru cinq garnisons et court la sixième. On m'objectera que des indemnités de route sont données aux officiers ; oui, mais sont-elles, franchement, la juste compensation des frais dispendieux d'un voyage ?

Le gouvernement impérial avait bien reconnu l'insuffisance du traitement pécuniaire des lieutenans et sous-lieutenans, Son chef voulait la faire disparaître quand un de ses ministres l'en dissuada, en lui alléguant pour motif que ses officiers deviendraient *des piliers de café.* Telle fut son expression, elle est connue de toute l'armée. Il me semble, toutefois, que c'était avoir une idée bien faible de la moralité des officiers français, que de les supposer capables de dissiper, en folles dépenses, un argent qu'ils savaient pouvoir leur être d'une si grande utilité. C'était, dis-je, penser bien en sens inverse de celui dans lequel on agissait, que de croire des hommes qu'on appelait à conduire leurs semblables, non susceptibles de se conduire eux-mêmes.

On augure bien des officiers qui fréquentent peu les cafés, en un mot, les réunions publiques. On aime, au contraire, à les voir briller dans le monde ; c'est dans la bonne compagnie qu'un jeune homme se forme et prend de louables habitudes. Rien de plus juste ; mais comment y figurer, quand le nerf de toutes les sociétés possibles vient à manquer ?... Que deviendront, vis-à-vis les particuliers, ces braves guerriers tout chargés de gloire et si légers d'argent ? Ils seront écrasés, en voulant soutenir la comparaison. Qu'ils s'occupent, direz-vous ? Sans doute, ils doivent le faire, et le font aussi ; mais si l'oisiveté est la mère de tous les vices, un travail continuel n'a-t-il pas ses inconvéniens ? Considérez ensuite des officiers à leur garnison ; prenez un seul instant leur place ; concevez leurs distractions, leurs plaisirs, l'impossibilité trop fréquente où ils sont de s'y livrer ; réfléchissez alors, qu'ils sont jeunes et Français ; et à moins que vous n'exigiez, de la part d'un sous-lieutenant, autant de retenue que de celle d'un ermite, vous avouerez que personne n'est plus que lui exposé à faire des dépenses tant prévues qu'imprévues, et que personne aussi, moins que lui, n'en a les facultés.

D'après ces détails, un officier se trouve

dans une alternative bien cruelle ; ou il déroge à son rang, à la noblesse de son état, ou il fait des dettes.

Il vient de paraître une circulaire ministérielle, qui rappelle l'ordonnance de 1791. D'après elle, tout officier qui, poursuivi pour dettes, n'aura pas, dans le délai de deux mois, satisfait aux obligations par lui contractées, sera tenu de donner sa démission.

Tous les militaires doivent rendre grâces à S. Exc. le ministre de la guerre, d'avoir remis en vigueur une ordonnance dont beaucoup d'officiers pouvaient avoir perdu le souvenir, ou n'avaient pas connaissance, et qui les empêchera de tomber dans l'abîme sur le bord duquel plusieurs avaient déjà peut-être posé le pied.... Eh ! cependant.... un officier sans fortune, comme ils sont presque tous aujourd'hui, se sera vu indispensablement forcé à chercher crédit pour certains frais de son équipement. Sur deux engagemens qu'il aura contractés, il en acquitte un ; et, malgré la meilleure volonté du monde, il lui est impossible d'acquitter le second à son échéance. Le créancier est sourd aux raisons de son débiteur, il le poursuit ; même impossibilité pécuniaire de la part de l'officier ; il est destitué.... Voilà donc un brave militaire dont la conduite a toujours été exemplaire, qui a rendu des services à son pays, un homme estimé de ses chefs, aimé de ses camarades ; le voilà, dis-je, déshonoré, malheureux, peut-être réduit désormais à mendier son pain, parce qu'il n'a pu répondre de suite à une dette qui n'a été causée ni par la débauche, ni par le jeu, ni par aucun motif honteux, mais bien par la nécessité impérieuse de remplir les obligations que l'Etat a exigées de lui. Or, quelle a été la source de ce malheur ?.... la faiblesse de sa solde.

Et en effet, n'est-il pas pénible, pour des militaires qui tiennent véritablement à leur état, de se voir moins récompensés que le dernier employé d'une administration civile ? Cependant, quelle différence entre la position des uns et celle des autres ! Un commis, cloué sur sa chaise, est-il tenu aux moindres frais de représentation ? L'habit de bureau qui l'a vu entrer surnuméraire, le voit nommer commis, le verra peut-être nommer chef.

Toutefois, son traitement est souvent double de celui d'un brave officier, qui, blessé au service de sa patrie, usé par les fatigues, aura à peine de quoi soutenir une existence qu'il a consacrée à la défense de l'Etat. Ah! si les officiers étaient, je ne dis pas fortunés, mais seulement aisés, jamais ils ne se permettraient de pareilles réflexions. Ce n'est point le vil intérêt de l'argent qui leur arrache ces vérités, mais la nécessité et le besoin.

Nous avons calculé les recettes et les dépenses des officiers d'infanterie et de cavalerie; examinons maintenant si le tout est en rapport ou plutôt en proportion avec les recettes et les dépenses des autres armes.

Un lieutenant d'infanterie a de traitement fixe, par an, de 1100 à 1250 fr., selon les classes;

Un sous-lieutenant, 1000 francs;

Un lieutenant en premier, de l'artillerie ou du génie, a de traitement fixe, par an, 1500 francs;

Un lieutenant en second, 1300 fr.

Pourquoi cette distinction? Les officiers de ces deux dernières armes sont-ils tenus à de plus fortes dépenses que ceux de l'infanterie ou de la cavalerie ?... Non... J'avancerai même qu'étant très-souvent absens de leur corps, et envoyés dans des places de guerre, leur tenue est alors tout-à-fait dépendante de leur volonté.... Si l'artillerie et le génie sont des armes où le mérite personnel soit plus en évidence que dans l'infanterie ou la cavalerie, c'est un honneur distinctif dont tout le corps doit s'énorgueillir ; c'est une raison pour qu'on y soit admis avec plus de difficultés que partout ailleurs ; mais ce n'en est pas une, pour que de deux armes aussi utiles l'une que l'autre, qui exigent les mêmes sacrifices, composées d'hommes dont la conservation et le bien-être sont également précieux à l'Etat ; ce n'est pas une raison, dis-je, pour que, de ces deux armes, les officiers de l'une soient pourvus des ressources dont les officiers de l'autre sont privés.

Quelle tenue plus dispendieuse que celle d'un officier d'infanterie ? Quelle couleur plus sujette à s'altérer que le blanc, couleur affectée aux légions ? elle peut être fort élégante, mais son entretien n'e coûte pas moins.... Un officier de l'artillerie ou du génie fera encore un bon usage de son premier équipement, qu'un lieutenant ou sous-lieutenant d'infanterie, obligé au service continuel de la garde, du piquet, etc., etc., aura déjà mis à la réforme son second, et peut-être son troisième. Tous ces détails sont minutieux, j'en conviens, mais ils sont exacts. Pour connaître à fond un objet quelconque, il faut en décomposer toutes les parties; c'est le seul moyen d'en voir le fort et le faible.

Que les officiers de la garde royale reçoivent un traitement plus considérable que ceux des autres armes, rien de plus juste; c'est un corps d'élite, une arme particulière, le palladium du trône, la garde du monarque, enfin. Leurs dépenses sont plus onéreuses que les nôtres, leurs moyens doivent donc être moins resserrés.... C'est là le poste d'honneur. Tous les officiers de l'armée, il est vrai, ont le droit d'y prétendre. Heureux ceux qui peuvent y arriver!

J'ai mis sous les yeux de mes lecteurs les revenus annuels des lieutenans et sous-lieutenans d'infanterie et de cavalerie; ce qui s'applique aux uns, s'applique aux autres. J'ai comparé ces revenus annuels avec les dépenses annuelles et particulières, tant prévues qu'imprévues : or, lan ourriture, l'équipement, son entretien annuel et journalier, la propreté du linge, l'éclairage, le chauffage, les ports de lettres, les retenues exercées au profit de l'hôtel des Invalides, les contributions de guerre, les retenues pour la musique, ajournées il est vrai, mais momentanément, et ne pouvant être moindres qu'une journée de solde par mois.... voilà les dépenses. Que l'on déduise toutes ces dépenses des recettes qui se montent à 1000, 1100 et 1250 francs, je demande si, raisonnablement, la balance est juste des deux côtés, et si l'économie la plus minutieuse pourrait l'égaliser ?

Je n'ai point d'avis à donner, mais il me semble que les réflexions que j'ai faites au sujet des lieutenans de l'artillerie et du génie, pourraient servir de base au traitement des lieutenans et sous-lieutenans d'infanterie et de cavalerie.

Mon intention, je le répète, en écrivant ce léger Mémoire, n'a point été de proférer des plaintes. Un soldat sait souffrir, mais aussi il parle comme il pense ; et si j'ai parlé, c'est que j'ai cru devoir le faire, dans un moment où l'heureuse et nouvelle organisation de l'armée doit nous faire tout espérer de la bienveillance du Roi et de la sagesse reconnue de son Ministre.

Nota. J'ose croire que la petite pièce de vers que je joins à ce Mémoire, sera moins regardée comme une plaisanterie qui pourrait atténuer la force des raisons que j'ai données, que comme une idée riante que je me suis plu à développer.

ÉPÎTRE AU ROI.

LIEUTENANS, écoutez... et vous, criez merveille,
Pauvres sous-lieutenans, un saint désir m'éveille;
Je vais parler d'argent : quoique de mon sujet
Je ne sois pas très-plein, je m'en vais droit au fait.

(*Au Roi.*)

Sire, pour bien mourir, il faut aussi bien vivre.
Le précepte est fort bon ; si nous pouvions le suivre,
Il n'en vaudrait que mieux. Je suis sous-lieutenant ;
Pour cet auguste emploi, j'ai mille francs par an.
Quatre-vingt-trois par mois, plus trente-trois centimes,
Auxquels, par pure forme, on adjoint trois millimes;
Trop simple revenu pour pouvoir s'y tromper.
... Beaucoup trop simple aussi pour vivre et s'équiper!!!
Mais souvent avec peu l'on fait de grandes choses,
S'écriera certain fat, plaideur de tristes causes,
Qui bien vêtu, bien gras, étendu près du feu,
Tout en mangeant beaucoup, dit qu'on doit manger peu.
Cet homme est un bavard comme on en voit tant d'autres,
Croyant son estomac tout différent des nôtres.
Si la nature encor ne nous avait donné,
D'après un bon calcul, qu'un appétit borné!
Mais, hélas! chacun sait que manger et se battre
Sont choses qu'un Français fit toujours comme quatre;
Que, pour se rafraîchir, tous nos braves guerriers
Ne se contentent pas de l'ombre des lauriers.
Sans doute nos Crésus, ces piliers de finance,
Égoïstes profonds grugeant toute la France,
Qui chaque jour triplant et quadruplant leur bien,
S'imaginent qu'autrui ne doit manquer de rien ;

M'entendant réclamer, crieront à l'infamie!
Car je ne sais, chez eux, quelle idée ennemie,
Sire, leur fait penser que nous roulons sur l'or ;
Que l'épée est pour nous un précieux trésor
Où nous puisons sans cesse, où nous n'avons qu'à prendre.
Eh! bientôt nous aurons, si l'on veut les entendre,
Trouvé l'heureux secret de faire de l'argent,
Comme ils trouvent celui de gagner cent pour cent ;
Ou bientôt, d'après eux, un état honorable
Devra nous tenir lieu d'habits, de lit, de table.
Payez donc un marchand en lui parlant d'honneur ;
Autant vaudrait payer de raisons un voleur.
Les Français, dira-t-on, sont affamés de gloire!
Qu'un soldat, à ce prix, demande donc à boire.
Irez-vous, en effet, dire à votre bottier,
(Au moment douloureux qu'il faudra le payer),
« Les jambes que tu vois ont eu force blessures,
» Et c'est beaucoup d'honneur pour toi, pour tes chaussures,
» Que de couvrir deux pieds qui furent à Berlin. »
Croyez-vous que ces mots lui donneront du pain?
Ah! si chez le traiteur chacun, vaille que vaille,
S'acquittait, moyennant un récit de bataille!
Ou bien si notre hôtesse, au bout de chaque mois,
L'âme attendrie, émue au bruit de nos exploits,
Se contentait, pour prix de ses soins, de ses veilles ;
De connaître, qu'avant de vider ses bouteilles,
De soif, dix mille fois, nous faillîmes périr!
Ou qu'avant qu'elle obtînt l'honneur de nous nourrir,
Nous n'avions pour tous mets que de plates racines,
Pour maisons le grand air, et les champs pour cuisines,
Sire, l'armée alors, sans nuls émolumens,
Forte du bien d'autrui, vivrait pendant cent ans.
Mais, hélas! tout ceci n'est que pure chimère!
L'intérêt, dit quelqu'un, ce grand roi de la terre,
Au teint pâle, aux yeux secs, aux doigts d'or et d'argent,
N'a d'ami que celui qui peut payer comptant.

Jugez, Sire, comment nous devons être ensemble !
Pauvreté n'est pas vice... hélas! que vous en semble,
Trop malheureux amis qui, du premier janvier
Jusqu'au trente décembre, avez tout à payer
Et rien à recevoir ? — Ah ! je l'avouerai, Sire,
J'ai bon courage, mais je n'y saurais suffire.
Que faire quand je vois quinze à vingt créanciers
Venir tous les matins grimper mes escaliers
Pour m'assiéger au lit ? J'aimerais mieux, de grâce,
Qu'on me rendît plutôt moins d'honneurs quand je passe.
Sans doute il m'est flatteur qu'à l'instant qu'il me voit
Un soldat tout-à-coup s'arrête court.... et soit
Soudain dispos et prompt à me porter les armes.
Mais l'amour-propre seul goûte bien tous ces charmes ;
Et ce bruit, quoique beau, ne vaut pas le doux son
Que produit un gousset bien solide et bien rond.
L'histoire, dira-t-on, nous inscrit sur son livre. —
L'histoire, oui, c'est vrai ; mais qui fait-elle vivre ?
Les morts.... non les vivans. — Oui, Sire, notre état,
Au sein de l'honneur même, a puisé son éclat ;
Un rien peut le souiller, il faut qu'il s'entretienne
Aux rayons que répand ta grandeur souveraine ;
Dans tout son lustre enfin ne pas le maintenir,
Sire, devant tes yeux c'est le laisser ternir.

FIN.

www.ingramcontent.com/pod-product-compliance
Lightning Source LLC
LaVergne TN
LVHW020251230826
846091LV00006B/2359

9782011768452